图说圣人·孔子 孟子卷

图书在版编目（CIP）数据

图说圣人·孔子 孟子卷 / 孔祥林主编. —济南：济南出版社，2020.5（2023.11重印）

ISBN 978-7-5488-4195-1

Ⅰ. ①图… Ⅱ. ①孔… Ⅲ. ①孔丘（前551-前479）—生平事迹 ②孟轲（前390-前305）—生平事迹 Ⅳ. ①B222

中国版本图书馆CIP数据核字（2020）第075133号

出 版 人　崔　刚
丛书策划　冀瑞雪
责任编辑　冀瑞雪　冀春雨
装帧设计　李海峰

出版发行　济南出版社
地　　址　山东省济南市二环南路1号（250002）
编辑热线　0531-86131747（编辑室）
发行热线　82709072　86131701　86131729　82924885（发行部）
印　　刷　山东彩峰印刷股份有限公司
版　　次　2020年8月第1版
印　　次　2023年11月第4次印刷
成品尺寸　185mm × 260mm　16开
印　　张　6.75
字　　数　60千
印　　数　13001—17000册
定　　价　28.00元

目录

前言 1

至圣孔子篇

说　明 4

《孔子图歌》序 5

《孔子图歌》前引 7

1. 尼山致祷 8

2. 俎豆礼容 10

3. 学琴师襄 12

4. 问礼老聃 14

5. 商羊知雨 16

6. 退修诗书 18

7. 化行中都 20

8. 夹谷会齐 22

9. 礼堕三都 24

10. 因膰去鲁 26

11. 灵公郊迎 28

12. 匡人解围 30

13. 礼见南子 32

14. 宋人伐木 34

15. 骨辨防风 36
16. 楛矢贯隼 38
17. 五乘从游 40
18. 西河返驾 42
19. 灵公问阵 44
20. 知鲁庙灾 46
21. 在陈绝粮 48
22. 子西阻封 52
23. 辞卫归鲁 54
24. 作歌邱陵 56
25. 西狩获麟 58
26. 梦奠两楹 60
27. 哀公立庙 62
28. 治任别归 64
《孔子图歌》后结 66

亚圣孟子篇

说　明 68
《孟子图歌》序 69
《孟子图歌》前引 71
1. 泰山乘云 72
2. 三迁成名 74
3. 师事子思 76
4. 断机喻学 78
5. 游见齐宣 80
6. 返鲁葬母 82
7. 臧仓阻驾 84
8. 滕文问道 86
9. 游见梁惠 88
10. 力辟杨墨 92
11. 退作七篇 94
12. 礼废贺冬 96
《孟子图歌》后结 98
附录一 99
附录二 101
附录三 103

前　言

自汉武帝罢黜百家、独尊儒术后，孔子思想成为历代王朝奉行的正统思想。根据食德报功的传统，从东汉开始，国家不断祭祀孔子。为表达国家对孔子思想的推崇和继承弘扬传统思想文化的意志，从东晋开始，国家开始在国立学校内建造孔子庙，孔子被奉为传统思想文化的代表，且历代不断追谥加封。西汉平帝元始元年（公元元年）始封孔子为褒成宣尼公，唐玄宗开元二十七年（739 年）加封文宣王，宋真宗大中祥符元年（1008 年）追谥为玄圣文宣王，五年改称至圣文宣王，元大德十一年（1307 年）加号大成至圣文宣王，明嘉靖九年（1530 年）取消王号，改称“至圣先师”。

为表达国家推崇以孔子为代表的儒家思想，历代王朝在祭祀孔子的同时，不断增加儒家的代表人物配享从祀。汉代始以颜回配享，唐代陆续增加传经学者和孔子弟子配祀，到 1919 年，配祀孔子人物达到 172 人。此外，还在奉祀孔子先祖的崇圣祠配祀 11 人。

为了呈现先贤对儒学的贡献，孔子庙配享从祀人物也开始划分等级，到宋代就形成了配享、配祀、从享和从祀四个等级，具体名称为四配、十哲、先贤和先儒，而最高等级的配享也追加了圣人的称号。元至顺元年（1330 年）加封颜子为兖国复圣公，曾参为郕（chéng）国宗圣公，子思为沂国述圣公，孟子为邹国亚圣公。明嘉靖九年（1530 年）取消爵位，颜子改称复圣，曾子改称宗圣，子思改称述圣，孟子改称亚圣。现在被称作圣人的人很多，但历史上真正封圣的只有孔子、四配、关公等几位重要历史人物。

从汉代开始，人们不断塑造孔子的形象。东汉光和元年（178 年），新建京城鸿都门学，令画工刘旦、杨鲁图画孔子和七十二弟子像。现在发现雕刻在汉代画像石上的孔子形象就有六十多幅。西晋以来，张收、王廙（yì）、戴逵、陆探微、刘瑱、张僧繇、萧绎、阎立本、吴道子、周昉（fǎng）、董源、卫贤、王齐翰、李公麟、马远、梁楷、赵孟頫等画家都曾创作孔子形象。反映孔子生平事迹的连环图画大约出现在元代，孔子五十三代孙孔泽于大德年间（1297—1307）刊刻了《孔圣图谱》三卷。之后，此类连环图画层出不穷，明张楷彩绘本，何珣木刻本，吴嘉谟木刻本，曲阜孔子庙石刻本，仇英彩绘本，清焦秉贞彩绘本等等相继问世。随之，日本、朝鲜也出现了彩绘本、木刻本，法国也出现了钱德明铜版本。至此，孔子圣迹图成为国际性的绘画题材。

孔子庙配享四圣的生平事迹图画以孟子为最早，邹城孟子庙启圣祠廊下的《孟氏家传祖图》碑刻于明洪武六年（1373 年）就有《断机》《梁惠王问利国》《齐宣王问治国》《传食于诸侯》《公孙丑问浩然》《道性善》《思孟传授》《门人》等图画，可惜的是没有推出较具规模的石刻本或彩绘本、木刻本。颜子和子思的生平事迹图都在明代末期就推出了较具规模的木刻本，而曾子的生平事迹图只在《宗圣志》中刻印了十六幅事迹图画。

济南出版社·汉唐书局策划出版的《图说圣人》丛书，包括“至圣孔子”及“四配”各自的生平事迹图，但非常遗憾的是四配的图文资料比较少，难以独立成册，因此，将丛书分为《孔子孟子卷》和《颜子曾子子思卷》两卷。其中，《孔子孟子卷》以《孔子图歌》《孟子图歌》为主要内容，文本分作“宣”和“讲”，“宣”即“唱词”，“讲”即“解说”，有唱有说，仿照说书艺人底本编写而成，语言通俗易懂，且读来朗朗上口。《颜子曾子子思卷》以《复圣图赞》《宗圣志》《述圣图》为主要内容，因原文以经典古文的形式呈现，责任编辑又请中国孔子基金会常强先生补充了现代文解读，以方便读者阅读理解。

至圣孔子篇

说 明

《至圣孔子篇》以《孔子图歌》内容为基础编成。《孔子图歌》有图二十八幅，内容主要采自《史记·孔子世家》和《孔子家语》，旁采《左传》《孔丛子》《礼记》《孟子》《说苑》诸书。部分图像只有一个故事，有的含两个，有的多达三个甚至五个。

《学琴师襄》另含“问礼郯子”，《化行中都》另含“赦父子讼”，《尼山致祷》另含“麒麟玉书”与“二龙五老”，《礼堕三都》另含“鲁国大治”与“作《猗兰操》”，《礼见南子》另含“脱骖从赙”与“丑次同车”，《骨辨防风》另含“微服过宋”与“楛矢贯隼”，《问礼老聃》另含“访乐苌弘”“观周明堂”与“金人铭背”，《商羊知雨》另含“在齐闻韶”“知鲁庙灾”与“晏婴沮封”；《俎豆礼容》内容最多，另含“娶妻亓官”“职司委吏”“职司乘田”与“合葬于防”四个故事。

本书采用“演唱”加“讲述”的说唱形式，文字随图，图文并茂，一般为先宣后讲，即先唱后说，个别为只宣不讲。

作者编著本书的目的就是通过说唱这种通俗的艺术形式对社会大众进行宣传，文字浅显，便于听众理解，同时加入了许多学术性考证，有助于拓展知识面。

《孔子图歌》序

日者，凡星所藉以明者也；孔子者，凡人所藉以明者也。天上无日，万古如长夜而天不明，天不明则庶物不生；世上无孔子，万古如长梦而世不明，世不明则庶民不生。何者？物死于幽，生于明；民亦死于幽，生于明。且一人明而能推其明以及人，极其所至则足以生无量数人，一人不明而苟播其不明以及人，极其所至亦足以死无量数人。

孔子固凡人所藉以明者也，即凡人所藉以生者也，比之于天，殆犹日也。天上有日，春夏秋冬以成；世有孔子，《易》《书》《诗》《春秋》以成。春以养物，《易》以养民；夏以长物，《书》以长民；秋以收物，《诗》以收民；冬以藏物，《春秋》以藏民；养长收藏皆生也。物不能外于春夏秋冬自寻生成，民亦何能自外于《易》《书》《诗》《春秋》而自寻生成乎？孔子赞《易》删《诗》，订《书》，修《春秋》，集群圣为一圣，所谓超皇帝王伯而作万世之师，萃道德功力而垂万世之统者也。凡民当何如尊之，崇之，服之，事之，奉为宗主而百变而不能离之也。乃近数年来正教不明，凡有血气皆思挽救，况秀之夙怀悲愤者乎？倘得吾国吾歌而翻然改就吾孔子焉，其可谓能出幽谷而迁乔木矣，庶皎皎明日不至永为云雾所蔽也乎？

光绪三十年三月念六日，山左历城江钟秀

《孔子图歌》前引

《大学》曰：在明明德，在新民[①]，在止于至善。孔子，无量数人中之至善也。夫孔子既为无量数人中之至善，则无量数人皆当止之矣，然又非强人以所本无而因人以所固有也。何者？无量数人之心志中皆有一至善，即无量数人之心之中皆有一孔子也。然则今兹非宣讲孔子也，亦宣讲无量数人之心中之至善耳。江钟秀谨注。

引曰：

说起孔夫子，听者当尽知。
若论平生事，谁能核其实？
闲来无的做，编部宣讲词。
诸君请落坐[②]，听我提一提。

① 大学原文为“亲民”，但程颐、朱熹等认为，“亲，当作‘新’”。江钟秀为了使读者易于理解，将原文的“在亲民”改为“在新民”。

② “落坐”现在一般写为“落座”。

尼山致禱

1. 尼山致祷 （选自《孔子家语·本姓解》《孔子家语·阙里志》）

宣：

常言道曲阜至圣万古传，听着我从头至尾溯根源。

那至圣父亲原是叔梁纥，在郰地身为大夫做邑官。

他为人性情严谨多勇武，娶了个元配施氏最称贤。

生下了九个闺女无有子，多亏了妾氏产了伯尼男。

叔梁纥嫌他庶出难承继，又向那同里颜氏求姻缘。

讲：

按《本姓解》，叔梁纥娶施氏生九女而无子，妾生孟皮，孟皮一字伯尼，有足病，乃复求婚颜氏。颜氏有三女，其少曰徵在。颜父问三女曰："郰邑大夫虽父祖为士，然其先圣王之裔也。今其人身长十尺，武力绝伦，吾甚贪之，虽年长性严，不足为疑。三子孰能为之妻？"二女莫对。徵在进曰："从父所制，将何问焉？"父曰："即尔能为矣。"遂以妻之。

宣：

这颜老闻听季女说来话，就将他许配孔门作良缘。

有颜氏嫁于孔府庙中拜，见丈夫六旬以上有余年。

恐怕他年岁高迈有闪失，暗地里不住祷告尼丘山。

祷告着神灵保佑速生子，总然是丈夫有失也心安。

这尼山真实有神多灵爽，到过年生了一个圣人男。

他本是字表仲尼名孔邱[①]，生在那灵王二十有一年。

论年干庚戌十月庚子日，即夏正八月廿七那一天。

这就是至圣孔子先师诞，愿学人牢记心怀不伪传。

讲：

按《阙里志》，孔子将生时，有麟吐玉书于阙里，其文曰"水精之子，继衰周而为素王"，徵在贤明，知为神异，以绣绂系麟角，信宿而去。孔子生时，夜有二龙自天而降，来附徵在之房，又有五老降庭，则星之精也。

宣：

可见他天生圣人传道德，无怪乎万世庙享把名传。

---

① 古人为避孔子讳，故意将"丘"改作"邱"。

俎豆禮容

2. 俎豆礼容 （选自《历聘纪年》《礼记·檀弓》）

宣：

最可怜三岁不幸丧了父，郰邑人将他殡在五父间。

到了那六岁之时陈俎豆，演习的一切礼貌甚周全。

又到了十九岁上完了婚，娶了那宋国贤女姓开 (qiān) 官。

二十上仕于鲁国为委吏，又生了伯鱼名鲤时一男。

二十一又在鲁为司职吏，就是那孟子说他为乘田。

讲：

按金氏《通鉴前编》司职吏注，“职”读为“樴”，系养牺牲之所。

宣：

二十二始教门徒在阙里，二十四圣母颜氏染黄泉。

启他父叔梁纥来合了葬，同埋在新迁茔地是防山。

讲：

按《历聘纪年》，二十四岁，圣母颜氏卒。《檀弓》，孔子少孤，不知其墓，殡于五父之衢，人之见者皆以为葬也，其慎也，盖殡也，问于聊曼父之母，然后得合葬于防。此节为世大疑，近世高邮孙邃人著《檀弓》论文，“不知其墓殡于五父之衢”十字当连读为句，“问于聊曼父之母”两句为倒句，甚有理。盖古人埋棺于坎为殡，殡浅而葬深，孔子实浅葬于五父之衢，因少孤不得其详，不惟孔子之家以为已葬至道旁，见之者亦皆以为已葬。至是母卒，欲从周人合葬之礼，卜兆于防，惟以父墓浅深为疑，如其殡而浅也，则可启而迁之；若其葬而深也，则疑体魄已安不可轻动。其慎也，盖谓夫子再三审慎，不敢轻启父墓也（郑氏破慎为引，无义理）。后乃知其果为殡而非葬，由问于聊曼父之母而知之，如此读之可为圣人释疑，有裨礼经者不浅。

學琴師襄

3. 学琴师襄 （选自《左传》《孔子家语 · 辩乐解》）

宣：

二十七正值郯子来朝鲁，孔夫子去到国里详问官。

二十九又学琴于师襄子，真个是文王为人可见焉。

讲：

按《左传》，昭公十七年秋，郯子来朝，公与之宴。昭子问焉，曰：“少皞氏以鸟名官，何故也？”郯子曰：“我高祖少皞挚之立也，凤鸟适至，故纪于鸟，为鸟师而鸟名。凤鸟氏，历正也；元鸟氏，司分者也；伯赵氏，司室[①]者也；青鸟氏，司启者也；丹鸟氏，司闭者也；祝鸠氏，司徒也；鴡鸠氏，司马也；鳲鸠氏，司空也；爽鸠氏，司寇也；鹘鸠氏，司事也。五鸠，鸠民者也。五雉为五工正，利器用，正度量，夷民者也。九扈为九农，正扈民无淫者也。”仲尼闻之，见于郯子而学焉。《家语》，孔子二十九岁，学琴于师襄子，襄子曰：“吾虽以击磬为官，然能于琴。今子于琴已习，可以益矣。”曰：“邱未得其数也。”有间，曰：“已习其数，可以益矣。”曰：“邱未得其志也”。有间，曰：“已习其志，可以益矣。”曰：“邱未得其人也。”有间，孔子有所缪然思焉，有所睪然高望而远眺焉，曰：“邱殆得其为人矣，近黮而黑，颀然长，旷如望羊，奄有四方，非文王其孰能为此。”师襄子避席叶拱而对曰：“子，圣人也。其传曰《文王操》。”

① 室：为“至”之误。

問禮老聃

4. 问礼老聃 （选自《孔子家语 · 观周》）

宣：

三十四圣人适周学大业，正是那昭公二十有四年。

幸鲁君给他一车共两马，才与那南宫敬叔去朝天。

讲：

按《家语》，孔子谓南宫敬叔曰：“吾谓老聃博古知今，通礼乐之原，明道德之归，则吾师也。今将往矣。”对曰：“谨受命。”遂言于鲁君曰：“臣受先臣之命云：孔子，圣人之后也，少而学礼，汝必师之。今将适周，观先王之遗制，考礼乐之所极。斯大业也，君盍以乘马资之？”公曰：“诺。”与孔子车一乘，马二匹，至周。

宣：

孔夫子一车两马适周国，正是那昭公二十有四年。

见了那犹龙老子先学礼，又合那长宏牟贾把乐谈。

观了观明堂四门真庄样，看了看周公抱主朝金銮。

又到了太祖后稷庙堂上，见金人三缄其口在阶前。

自此后圣人学问大长进，回了家招聚弟子有三千。

商羊知雨

5. 商羊知雨 （选自《说苑》《孔子家语 · 辩政》）

宣：

三十五正值鲁国干戈动，有一个强臣季氏专大权。

把主子赶出鲁国向齐去，正是那昭公二十有五年。

孔夫子心中不悦思去鲁，要向那齐国以里把身安。

讲：

按《说苑》，孔子至齐，郭门之外遇一婴儿挈一壶相与俱行，其视精，其心正，其行端。孔子谓御曰："趣驱之！趣驱之！"韶乐方作，遂闻韶学之，三月不知肉味。《家语》，孔子在齐，舍于外馆。左右曰："周使至，言先王庙灾。"孔子曰："此必釐（lí）王之庙。釐王变文武之制，作华丽之饰，而弗可振也，固天殃所宜加。"俄倾，左右报曰："釐王庙也。"公惊起再拜曰："圣人之智过人远矣。"又有一足鸟，舒翅而跳，齐侯使人问孔子，孔子曰："此鸟名商羊，水祥也。昔有儿屈其一脚，振迅两肩，而其谣曰：'天将大雨，商羊起舞。'今齐有之，其应之矣。宜急使民治沟渠，修堤防。"倾之大霖雨，水泛滥，惟齐有备，景公曰："圣人之言，信而有征矣。"

宣：

齐景公见了孔子心欢喜，喜的是水来有备而无患。

孔夫子指望景公能大用，因此上在齐住了彀一年。

行说着孔子年纪三十七，想当时又还鲁国教诸贤。

这一年赶着季札长子死，死之后将就葬于嬴博间。

这嬴博虽是齐地却近鲁，孔夫子曾由鲁国去往观。

足见他当时行踪还在鲁，正是那昭公二十有七年。

自此后孔子行旌往齐国，齐景公待他心里甚喜欢。

四十二在齐景公来问政，对他说君君臣臣公悦焉。

因封他廪邱之地辞不受，到改日又要封以尼溪田。

谁料想贤如晏婴多阻挡，公又有吾老不能用之言。

退修詩書

6．退修诗书 （选自《史记 · 孔子世家》）

宣：

孔夫子因此在齐绝了望，不得不还鲁设教于杏坛。

这时节圣人去齐复归鲁，正是那昭公三十有二年。

讲：

按《史记》，景公问政，孔子曰“君君臣臣，父父子子”，他日又问，曰“政在节财”。公说，欲以尼溪田封孔子。晏婴进曰：“孔子盛容饰，繁登降之礼，累世不能殚其学，当年不能究其礼。君欲用之，以移齐俗，非所以先细民也。”异日，景公止孔子曰：“奉子以季氏，吾不能，以季孟之间云云。”孔子遂行，反乎卫。

宣：

四十七退修诗书共礼乐，诸弟子远方来者尽贤英。

这时节定公五年正教读，又把那土怪羵羊辨一番。

化行中都

7. 化行中都 （选自《孔子家语 · 始诛》）

宣：

五十岁阳虎作乱败了阵，偷着那宝玉大弓逃外边。

又有个公山弗扰以费畔，虽使人来召孔圣也枉然。

鲁定公至今坐了已八载，孔圣人始宰中都做小官。

讲：

按，不狃与阳虎共谋去三桓，故《论语》以为畔，其实未尝据邑兴兵也。朱子集注：阳虎共执桓子，乃因《史记》之文，其实非共执也。不狃自在费，阳虎将享季氏，与蒲圃为前驱以监之耳。虎奔在九月，不狃之召盖在其后，是年为中都宰矣。

宣：

五十一孔子还在中都宰，这一年升到司空如莺迁。

五十二官又升为大司寇，想当初民未知教实可怜。

衙门中相传赦了父子讼，惹得那季孙听见不耐烦。

殊不知圣人作用超凡俗，岂果然重载许登百仞山。

自古道猛济宽来宽济猛，愿后世长国家者仔细参。

讲：

按《家语》，孔子为鲁大司寇，有父子讼者，夫子同狴执之，三月不别，其父请正[①]，夫子赦之焉。季孙闻之不悦，曰："司寇欺余。曩告余曰：'国家必先以孝。'余今戮一不孝以教民孝，不亦可乎？而又赦，何哉？"冉有以告孔子。孔子喟然叹曰："呜呼！上失其道而杀其下，非理也。不教以孝而听其狱，是杀不辜。三军之败，不可斩也；犴狱不治，不可刑也。何者？上教之不行，罪不在民故也。……既陈道德，以先服之，而犹不可；尚贤以劝之，又不可；即废之，又不可；然后以威惮之。若是三年，而百姓正矣。其有邪民不从化者，然后待之以刑，则民咸知罪矣。《诗》曰：'天子是毗，俾民不迷。'是以威厉而不试，刑错[②]而不用。今世则不然，乱其教，繁其刑，使民迷惑而陷焉，从而刑之，刑弥繁而盗不胜也。夫三尺之限，空车不能登者，何哉？峻故也。百仞之山，重载陟焉，何哉？陵迟故也。今世俗之陵迟久矣，虽有刑法，民能勿踰。"

---

①正："止"之误。

②错："措"的通假字。

夾谷會齊

8. 夹谷会齐 （选自《左传》）

宣：

且不表司寇孔某[①]教黎元，再向那夹谷会上看事端。

想当年齐景误听犁钮计，藐视我孔老夫子是文官。

他只说孔某知礼而无勇，因此上外虽和好而藏奸。

暗吩咐莱夷人众齐动手，生劫那鲁国君臣势不难。

谁料想有文事者有武备，自来的将军号令严如山。

孔夫子只消阶前几句话，立教那一些虎狼不动焉。

若不是制伏齐人经三次，怎能令齐国君臣心胆寒。

只见那景公羞愧来谢过，急忙忙使人还我汶阳田。

请查看春秋左传者[②]桩事，明记在鲁国定公第十年。

讲：

按《左传》，定公十年春，及齐平。夏，公会齐侯于祝其，实夹谷。孔邱相，犁弥言于齐侯曰："孔邱知礼而无勇，若使莱人以兵鲁侯必得志焉。"齐侯从之。孔子以公退，曰："士，兵之！两君合好，而裔夷之俘以兵乱之，非其君所以命诸侯也。裔不谋夏，夷不乱华，俘不干盟，兵不偪好，于神为不祥，于德为愆义，于人为失礼，君必不然。"齐侯闻之，遂辟之。将盟，齐人加于载书曰："齐师出竟，而不以甲车三百从我者，有如此盟。"孔邱使兹无还揖对曰："而不返我汶阳之田，吾以共命者亦如之。"齐侯将享公，孔邱谓梁邱据曰："齐、鲁之故，吾子何不闻焉？事既成矣而又享之，是勤执事。且牺象不出门，嘉乐不野合，飨而既具是弃礼也；若其不具是用秕稗也。用秕稗，君辱，弃礼，名恶，子盍图之？夫享所以昭德也，不昭不如其已。"乃不果享。齐人来归郓、讙、龟阴之田。《春秋》注，"四邑皆汶阳之田"。

---

① 孔某：避孔子名讳，将"丘"读作"某"。

② 者：现在应为"这"。

禮墮三都

9. 礼堕[①]三都 （选自《春秋》《孔子家语》《孔丛子》）

宣：

因上年齐国还我汶阳田，至今岁圣人仍为司寇官。

行说着孔子行年五十四，一时里堕都出甲正大权。

通国人衮衣章甫兴讴诵，果然是设法不用民无奸。

这些事载在家语孔丛子，又曾见春秋定公十二年。

讲：

按《春秋》，定公十二年，夏，叔孙州仇帅师堕郈，季孙斯、仲孙何忌帅师堕费，冬十有二月，公围成。《家语》，孔子五十四岁，为政。沈犹氏不敢朝饮其羊，公慎氏出其妻，慎溃氏越境而徙。三月则鬻牛马者不储价，卖羔豚者不加饰，男女行者别途，道不拾遗，男尚忠信，女尚贞顺，四方客至不求有司皆如归焉。《孔丛子》，初为司寇，国人谤之曰：“麛裘而韠，投之无戾；韠之麛裘，投之无邮。”既而政化盛行，国人诵之曰：“衮衣章甫，爰得我所；章甫衮衣，惠我无私。”

① 堕：通“隳（huī）”，意为毁坏。

因膰去鲁

10. 因膰去鲁 （选自《史记·孔子世家》《孔子家语》《历聘纪年》）

宣：

孔夫子自从做了司寇官，制度的国又泰来民又安。

几几乎圣道大行鲁国治，实指望东周可为在此间。

不料想齐人生计归女乐，摆列着文马康乐在城南。

季桓子微服往观心里动，遂邀着鲁君同去看一番。

君臣俩荒于声色不理事，只见他三日不朝似疯癫。

想当时圣人年纪五十五，正在那定公一十有三年。

讲：

按《史记》，齐人闻而惧曰："孔子为政必霸，霸则吾地近焉，我先为之并焉，盍致地焉？"犁钼曰："请先尝沮之，沮之而不可者致地庸迟乎？"于是选国中女子好者八十人，皆衣文衣而舞康乐。《家语》，作舞容玑，注舞名。……文马四十驷以遗鲁君，陈于鲁城南高门外（高门，城门名也），季桓子微服往观再三，将受焉，乃语鲁君，为周道游观观之，终日怠于政事。子路曰："夫子可以行矣。"子曰："鲁今且郊，如致膰于大夫，则吾犹可以止。"桓子卒受女乐，三日不听政，郊又不致膰俎于大夫，孔子遂行，宿乎屯（近郊地名）。

宣：

孔夫子拿定主意要去鲁，单等着郊祭时候看事端。

行说着时节到了南郊日，鲁君臣一齐都来敬上天。

最可怜苟且了事只当戏，又搭上膰肉不赐众位官。

孔夫子趁此机会难留住，急忙忙不暇脱冕而行焉。

这一去宿乎南郭近郊地，有师己与他饯行把话传。

讲：

按《史记》，孔子行，宿乎屯。师己送曰："夫子非罪也。"孔子曰："吾歌可乎？"歌曰："彼妇人之口，可以出走。彼妇人之谒，可以死败。优哉游哉，聊以卒岁。"师己反，以告桓子，叹曰："夫子罪我以群婢也。"《历聘纪年》，孔子去鲁，作歌曰："予望鲁道兮，龟山蔽之，手无斧柯，奈龟山何。"又歌《猗兰操》曰："习习谷风，以阴以雨，之子于归，远送于野。何彼苍天，不得其所。逍遥九州，无有定处。世人暗蔽，不知贤者。年纪高迈，一身将老。"

靈公郊迎

11. 灵公郊迎

宣：

孔夫子歌声已毕遂适卫，因上那颜雠由家把身安。

卫灵公见了孔子心欢喜，立刻时致粟六万养高贤。

这一年孔子还是五十五，仍在那定公一十有三年。

到过年孔子就是五十六，在卫国住了十月心不安。

卫灵公养贤终是虚悬套，我夫子周游他岂肯素餐。

匡人解圍

12. 匡人解围（选自《史记·孔子世家》《孔子家语·困誓》）

宣：

打算着去礼卫国适陈国，这路程须从匡地过一番。

讲：

按《一统志》，匡城在大名府开州长匡县西南十五里。

宣：

不料想圣人今日过匡地，偏因为他的相貌惹祸端。
他本是道高德厚孔夫子，这匡人将他误作阳虎看。
匡简子令旗一摆人马动，把圣人围得一似九重山。
总有那拆天补地神妙手，谁能保夫子性命全不全。
倘若是匡地死了尼山叟，谁可能删诗只存三百篇。
谁可能纂修春秋寓褒贬，谁可能系象周易有文言。
又谁能订礼正乐有确见，又谁能见隼识矢有真传。
又谁能于吴认得防风骨，又谁能于楚认得萍实甜。
咱这里缄口莫言未来事，先说那雄冠剑佩勇士焉。
有子路怒发冲冠要出马，眼睁睁一场大战在当前。
说仲由尔今不必发急躁，且从容平心静气听我言。
咱合这匡人无仇又无恨，这兵马并非无因而至前。
想一想中天之世苗民反，有虞舜他却舞羽并舞干。
尔看他文德一敷狼烟灭，咱何不弹一番来歌一番。
但见那子路弹琴夫子和，实在是曲奏三终解甲还。

讲：

按《史记》，孔子过匡时，颜刻为仆，以策其指之曰："昔吾入此，由彼缺也。"阳虎尝暴匡人，匡人遂止孔子。孔子状类阳虎，拘焉。《家语》，匡简子以甲士围之。子路将与战，孔子止之曰："由，歌，予和。"子路弹琴而孔子和之，曲三终，匡人解甲而罢。《史记》谓："使从者为宁武子臣于卫，然后得去。"谬甚，此时岂有宁武子。

禮見南子

13. 礼见南子 （选自《史记·孔子世家》《礼记·檀弓下》）

宣：

孔夫子去匡不下黄河南，西北路要过蒲邑把风观。

过蒲邑孔子行旌又反卫，这就是一年两次至卫间。

合前算自从去卫到今日，不过是待了个月零几天。

暂向那蘧伯玉家把身歇，真正是圣贤相知分外甜。

适遇着旧馆人死方营葬，孔夫子吊丧之后又脱骖。

这一年五十六岁还在卫，偏有那夫人南子愿见焉。

讲：

按《史记》，去匡，过蒲，月余，反乎卫，主蘧伯玉家。《檀弓》，孔子之卫，遇旧馆人之丧，入而哭之哀，出使子贡脱骖而赙之。

宣：

孔子为至圣，英名天下传。

一朝至卫国，南子愿见焉。

出于不得已，因此去面参。

孔夫子去见小君礼当然，他本是不缁不磷白且坚。

一入门北面稽首将他拜，这南子帷中还礼玉声喧。

常言道圣人无可无不可，倒惹的子路心里不喜欢。

暗说道光明正大是夫子，今日去见此淫妇是何缘。

那子路霎时带出不悦色，孔夫子自己心里甚正焉。

遂说道予所否者天必厌，尔休要胡思乱想起疑端。

且不言师徒二人争长短，再把那卫灵公来表一番。

讲：

按《史记》，灵公夫人南子使人谓孔子曰："四方之君子不辱，欲与寡君为兄弟者必见寡小君，寡小君愿见。"孔子辞谢，不得已而见之。夫人在絺帷中，孔子入门北面稽首，南子自帷再拜，环佩玉声璆然。孔子曰："吾向为弗见，见之礼答焉。"

宣：

卫灵公爱上南子色倾国，有一人同坐车中去游观。

既是那太监雍渠为骖乘，又使那鲁国圣人向马前。

他两个无耻夫妇不嫌丑，孔夫子诚是不以为然焉。

讲：

按《史记》，孔子居卫月余，卫灵公与夫人同车，宦者雍渠骖乘出，使孔子为次乘，招摇市过之。子曰："吾未见好德如好色者也。"丑之，去卫适曹，去曹适宋。

宋人伐木

14. 宋人伐木 （选自《史记·孔子世家》）

宣：

因此上去了卫国过曹地，要向那宋国以里把身安。

师徒们檀树以下正习礼，又来了司马桓魋把脸翻。

领兵来伐了檀树往前赶，要杀那道高德厚孔圣焉。

此一时从游弟子皆恐惧，孔子说天生德予不相干。

也就看这个光景不太好，急忙忙换了衣服过宋关。

这一年孔子仍是五十六，还在那定公一十有四年。

讲：

按《史记》，孔子去曹适宋，与弟子习礼大树下，宋司马桓魋欲杀孔子，拔其树。孔子去，弟子曰："可以速矣。"子曰："天生德于予，桓魋其如予何！"微服过之，适郑。

骨辨防風

15. 骨辨防风　（选自《史记 · 孔子世家》）

宣：

既脱了宋国患难又适郑，冷清清一人独立东门前。

有郑人见了子贡褒且贬，便说道现有一人在东关。

我看他颡上恰似尧一样，又搭上皋陶之项子产肩。

腰以下不及禹王有三寸，累累然好像一个丧家犬。

有子贡见了孔子学一遍，孔夫子欣然而喜便开言。

论起来形状未[①]事不要紧，说我似丧家之犬大不然。

急忙忙过了郑国投陈国，要向那司城贞子把身安。

他二人风雨谈心结契好，又有那吴国使臣问事端。

讲：

按《史记》，孔子五十七岁，适郑，与弟子相失，独立郭东门。郑人或谓子贡曰："东门外有人，其颡似尧，其项类皋陶，其肩并子产，腰以下不及禹三寸，累累然若丧家之犬。"至陈，主司城贞子。

宣：

孔夫子博古通今天下传，惊动的列国人人仰高山。

有吴国得了骨节专车大，因使人来到陈国问一番。

孔夫子从头至尾说来历，使者说夫子真来如神然。

讲：

按《史记》，吴伐越，堕会稽，得骨专车，吴使使问仲尼，骨何者最大。仲尼曰："禹致群神于会稽山，防风氏后至而戮之，其骨专车，此为大矣。"

① 未："末"之误。《史记》，"孔子欣然笑曰：'形状，末也。而谓似丧家之狗，然哉！然哉！'"

楛矢貫隼

16. 楛[①]矢贯隼　（选自《史记 · 孔子世家》）

宣：

又遇着陈国飞来一隼鸟，从空中落将下地死庭前。

那隼鸟身带楛矢着了重，陈滑公看见这事起疑端。

因此才使人来问孔夫子，孔夫子从头至尾诉根源。

便说道此鸟来的委实远，这样箭唯独肃慎才有焉。

昔武王平定殷乱得天下，肃慎氏拿着此箭献金銮。

论长短要有一尺零八寸，箭头上安着石砮利且坚。

周天子分封诸侯昭令德，将此箭赐于陈国藏库间。

陈滑公使人入库观此箭，才服了孔子真来如神然。

这都是孔子在陈两件事，那时节仍在定公十五年。

讲：

按《史记》，隼集于陈廷而死，楛矢贯之（楛，木名），石砮（以石为砮），矢长尺有咫（八寸曰咫）。陈滑公（《鲁语》《家语》皆作惠公）使使问仲尼。仲尼曰："此肃慎氏之矢也。昔武王克商，通道九夷八蛮，肃慎氏楛矢以分太姬，配胡虞公而封诸侯。"陈试求之故府，果得之。

① 楛（hù）：古书上指荆一类的植物，茎可制箭杆。左图中文字误用为了"梏"。

五乘從遊

17. 五乘从游 （选自《史记·孔子世家》）

宣：

行说着孔子年纪五十八，又遇着吴王侵陈国不安。

因此才去了陈国过蒲县，有蒲人据邑兴兵起狼烟。

公叔氏止住孔子不得动，有一个武勇弟子怒冲冠。

要问他姓名就是公良孺，他自己舍生忘死斗阵前。

把一些蒲人杀得心胆寒，他才肯合我夫子立盟言。

尔若是不适卫国吾出子，孔子说我就合尔盟一番。

他两个盟誓之言才讲罢，孔夫子竟向卫国又还辕。

有子贡还说盟言不可背，要盟也神必不听这一番。

南华经曾载孔子削迹事，约略着就在去蒲适卫间。

讲：

按《史记》，孔子居陈之岁，吴侵陈，陈被寇，于是去陈。过蒲，会公叔氏以蒲畔，蒲人止孔子。弟子公良孺有勇力，斗甚疾，蒲人惧，谓孔子曰："苟毋适卫，吾出子。"与之盟，出孔子，孔子遂适卫。子贡曰："盟可负耶？"孔子曰："要盟也，神必不听"。（《庄子》言削迹于卫在此时）

西河返驾

18. 西河返驾 （选自《史记 · 孔子世家》）

宣：

卫灵公闻听孔子来迎接，终就是不能实用又徒然。

论语上期月三年一节话，就是我夫子此时发的叹。

想当时中牟邑宰佛肸畔，虽使人来召孔圣也枉然。

安排着急忙去卫适晋国，又听的简子一朝杀两贤。

孔夫子临河而叹遂返驾，便说道邱之不济命由天。

讲：

按《史记》，卫灵公闻孔子来，喜，郊迎。公老，怠于政，不用孔子。孔子喟然叹曰“苟有用我者”云云。佛肸为中牟宰，赵简子攻范仲行氏，伐中牟，佛肸畔，使人召孔子，孔子欲往云云。……孔子既不得用于卫，将西见赵简子。至河，闻窦鸣犊、舜华之死，临河而叹曰：“美哉水！洋洋乎。邱之不济此，命也夫！”“窦鸣犊、舜华，晋之贤大夫也，而杀之。邱闻之刳胎杀夭则麒麟不至其郊，竭泽涸渔则蛟龙不处其渊，覆巢毁卵则凤凰不翔其邑，何也？恶伤其类也。夫鸟兽之于不义尚知避之，而况于人乎？”乃还息陬乡，作《陬操》（《家语》作《槃操》）以哀之。操曰：“周道衰微，礼乐陵迟，文武既坠，吾将焉归？周游天下，靡邦可依。凤凰不识，珍宝鸱鸮。眷言顾之，惨然心悲。巾车命驾，将适晋都。黄河洋洋，攸攸之鱼。临津不济，还辕息陬，伤予道伤，哀彼无辜。翱翱于卫，复我旧庐。从吾所好，其乐只且。”

靈公問陣

19. 灵公问阵 （选自《论语 · 卫灵公》）

宣：

孔夫子作歌已毕又适卫，还向那蘧伯玉家把身安。

这又是孔子一年两至卫，合起来共总算是有四番。

这时节孔子年纪五十九，有见那卫国灵公一老瞒。

卫灵公不知问礼来问阵，又搭上仰视蜚鸿慢待贤。

知魯廟災

20. 知鲁庙灾　（选自《春秋》《左传》《史记·孔子世家》）

宣：

孔夫子舍了卫国向陈去，莫说是在陈绝粮有传言。

朱子后历代名儒多考正，今移在鲁国哀公第五年。

行说着圣人年纪六十岁，方在那哀公三年五月间。

有一日在陈闻知鲁失火，就知道桓公僖公遭天谴。

他两个功德不足亲又尽，遭这样天火烧毁理当然。

既而那鲁国使者以实告，这陈侯又服孔子如神焉。

此一时康子欲召又不召，孔夫子在陈就有归兴叹。

讲：

按《春秋》，哀公三年，夏五月辛卯，桓宫、僖宫灾。《左传》，孔子六十岁，在陈，闻火曰："其桓僖乎？"（以亲尽不毁故）

宣：

季桓子身带重病有遗言，嘱咐他儿子名肥聘尼山。

季康子听从父命聘孔子，偏有那公之也来加谄言。

现放着至德孔子不去召，单单的召那冉求何意焉。

总就是足民之才也有用，那赶上圣人经济十分全。

最可惜别国不用鲁亦舍，再指望吾道大行难上难。

孔夫子因此就有归与叹，想着那吾党小子是狂狷。

到明年孔子年纪六十一，正在那鲁国哀公第四年。

有冉求自陈归鲁仕于季，孔夫子去了陈国向蔡迁。

讲：

按《史记》，秋，季桓子病，辇而见鲁城，喟然叹曰："昔此国几兴矣，以吾获罪于孔子，故不兴也。"顾谓康子曰："我死，必召仲尼。"桓子卒，康子欲召仲尼，公之鱼曰："昔吾先君用之不终，为诸侯笑。今又用之不终，是再为诸侯笑。"康子曰："召谁而可？"曰："必召冉求。"于是使人召冉求。孔子曰："归与归与！吾党之小子"云云。冉求既去，明年，孔子六十一岁，自陈迁于蔡，此哀公四年事也。是时蔡已迁于州莱上蔡，新蔡故地已属楚，而《史记》犹叙蔡事，非是夫子自陈如蔡就叶公耳，与蔡何与焉？

在陳絕糧

21. 在陈绝粮　（选自《史记 · 孔子世家》）

宣：

我有心接说陈蔡绝粮事，先把那后儒辨正提一番。

讲：

按《史记》，楚昭王使人聘孔子，孔子将往拜礼，而陈蔡大夫发徒围之。故孔子绝粮于陈蔡之间。朱子辨之曰：是时陈蔡臣服于楚，安敢围之，且据《论语》，绝粮当在去卫如陈时。按：朱子之辨确矣，然《论语》虽记绝粮于去卫后，亦非初至陈之时也。《孟子》云：君子厄于陈蔡之间，言间者，两地相接之处。考蔡始封在今汝宁之上蔡县，其后平侯徙汝宁之新蔡县，皆与陈相近。哀公二年十二月，蔡昭侯畏楚，迁于吴之州来，则吴陈相距数百里，中间绝隔，不得言陈蔡之间矣。然则绝粮陈蔡之间当在哀公四年自陈迁蔡时，指故地上蔡言之耳。蔡既迁，则故蔡地皆属于楚，是时楚昭王贤，叶公亦贤，夫子欲用楚，故如叶如蔡，盖故蔡邑叶公兼治之。孔子自陈如蔡，就叶公耳，与蔡国无涉也。《论语》记，在陈绝粮，别一时事，不必即在去卫如陈之年也。谨按：孔子自陈如蔡，似由亥月启行。至绝粮时已交子月，合以周正过年矣。故绝粮事虽当哀公四年自陈迁蔡时，而叙事者终必记在哀公五年，孔子六十二岁时也。是时陈尚被寇，孔子行未必馈[①]赆，故蔡地属楚，叶公又不知孔子来故也。

宣：

今考定孔子绝粮陈蔡间，当在那六十二岁哀五年。

都说是陈蔡之厄在此际，若说是陈蔡兴兵还细参。

按一按史记家语有此论，朱夫子早断此事大不然。

孔安国昔日也曾有旧注，当说道吴国伐陈陈不安。

孔夫子不居乱邦适蔡国，因此才路途以上乏赀焉。

倘若是楚国昭王聘孔子，那陈蔡安敢兴兵围圣贤。

这一时蔡国迁入吴国去，剩下些城郭府市属荆蛮。

---

① 馈赆：赠送，行资。

沈诸梁虽在叶邑为县尹，封的他蔡国地面管的全。

孔夫子欲就叶公因适蔡，适遇着资斧之绝受艰难。

这才是陈蔡之厄实迹事，正在那鲁国哀公第五年。

讲：

按《史记》，陈蔡之间，孔子六十二岁，绝粮，召子路问曰：“《诗》云‘匪兕匪虎。率彼狂野’，吾道非耶？何为至于此？”子路曰：“意者吾未仁耶？人之不我信也。吾未知耶？人之不我行也。”孔子曰：“由，使仁者而必信，安有伯夷叔齐？使知者而必行，安有王子比干？”子贡曰：“夫子之道至大，故天下莫能容。夫子盍少贬焉？”孔子曰：“赐，良农能稼而不能为穑，良工能巧而不能为顺。”颜回曰：“父子子之道至大，故天下莫能容。虽然，不容何病？不容然后见君子。”孔子欣然笑曰：“有是哉？颜氏之子，使尔多财，吾为尔宰。”明日免于厄，遂如蔡如叶。

子西阻封

22. 子西阻封 （选自《孔子家语》《史记·孔子世家》《礼记·檀弓》）

宣：

咱再说鲁家哀公第六年，这一时孔子年纪六十三。
沈诸梁虚心前席来问政，便有那近悦远来一席言。
自此后去了叶邑遂如楚，又遇着沮溺耦耕问津焉。
楚昭王使人奉迎到公馆，有一日访问萍实如蜜甜。
想当年将封书社七百里，实指望大行其道在荆蛮。
不料想贤如子西多阻挡，孔夫子自楚过蔡入卫间。

讲：

按《家语》，楚王渡江，有物大如斗，圆而赤，触王舟，王使人问孔子。孔子曰："此所谓萍实者也。昔过陈之野，问[①]童谣曰：'楚王渡江得萍实，大如斗，赤如日，剖而食之甘如蜜，是以知之。'"《史记》，楚昭王将以书社七百里封孔子，令尹子西曰："王之使人诸侯有如子贡者乎？辅相有如颜渊者乎？将帅有如子路者乎？官尹有如宰我者乎？夫文王、武王卒王天下，令孔邱得据土壤，贤弟子为佐，非楚之福也。"昭王乃止。孔子乃自楚反蔡，复入卫。

宣：

楚昭王听信子西不用贤，孔夫子自楚过蔡入卫间。
这一时灵公已死卫辄立，适遇着兴兵拒父起祸端。
还想着正正名分是本愿，岂宜在无父之国去做官。
不过是公养之仕犹或可，他这才居卫数月稍迟延。
这又是孔子末年适卫事，到今日合前算来有五番。
再往前六十四五六十六，这三年清静无事把道传。
及到了哀公十年六十七，大不幸死了贤妻氏亓官。

讲：

按《年谱》，"哀公十年，夫人亓官氏卒"。昔日谓孔子出妻，近世丰城甘驭麟辨其无此事云。《檀弓》载，"门人问子思曰：'子之先君，子丧出母乎？'"此殆指夫子之于施氏而言，非谓伯鱼之于亓官也。初，叔梁公娶施氏，生九女，无子，此正所谓无子当出者。《家语后序》所谓叔梁公始出妻是也。若伯鱼之母死，当守父在为母期之礼，过期当出。《檀弓》记其期而犹哭，故夫子抑其过而止之，何得诬为丧出母。

---

① 问：当为"闻"。

辭衛歸魯

23. 辞卫归鲁 （选自《史记 · 孔子世家》）

宣：

转眼间到了哀公十一年，急回来再表冉求一名贤。

仗义勇用矛于齐郊之战，有鲁人见他军功甚喜欢。

季康子便问从谁学军旅，立获了八十甲首献军前。

冉求说我能军旅非天性，原来是学于孔子才能谙。

季康子因使三人聘孔子，他这才舍了卫地还家园。

这一时孔子年纪六十八，合从前去鲁已隔十四年。

讲：

按《史记》，冉求为季氏将帅，与齐战，克之。季康子曰："子之于军旅，学之乎？性之乎？"冉求曰："学于孔子。"康子曰："孔子何如人哉？"对曰："用之有名，播之百姓而无憾。"康子曰："我欲召之，可乎？"对曰："欲召之，则毋小人固[1]之。"康子遂使公华、公宾、公林，以币迎孔子，孔子归鲁。

孔子自五十五岁去鲁，至此凡十四年而始归。

宣：

孔夫子周游列邦已多年，到于今六十八岁回家园。

他曾说东西南北之人也，合起来历聘约有四十番。

自从那三十四岁适周国，以后是多在列邦把风观。

在齐国前后两番皆一岁，若要说留齐七年是妄谈。

在卫国前后共算有五次，也不过或居数月或周年。

在陈国前后二次皆年半，毕竟是无人认得圣与贤。

不必提宋郑蒲曹曾一过，就是那楚国往还仅一年。

从可知列邦除了鲁以外，果然是未尝有终三年淹。

① 固：拘泥，限制。

作歌邱陵

24. 作歌邱陵 （选自《孔丛子 · 记问》《史记 · 孔子家语》）

宣：

看起来父母之邦还好些，再听我撮其大略诉根源。

自从那为儿嬉戏居于鲁，二十二教学到了三十三。

往后说三十七岁又返鲁，连过了五个年头在杏坛。

而独有四十三到五十五，于本国一连住了十三年。

曾记得前八年内皆教学，到了那后五年里做的官。

自从那五十五岁去鲁国，直到今六十八岁始还辕。

在他邦已经受过多少苦，庸讵知今日聘来不回甘。

庸讵知篱菊不从秋后发，庸讵知岭梅不放雪中研。

庸讵知苍松不显于岁暮，庸讵知青萍不终遇薛卞。

庸讵知太公发时已耄耋，我今日竟不更兴在晚年。

孔夫子指望老了能大用，谁料想终身出世更无缘。

最可惜末年归鲁鲁未用，因作了邱陵一歌自伤叹。

讲：

按《孔丛子》，哀公使以币如卫迎孔子而卒不能用也，孔子故作邱陵之歌曰："登彼邱陵，峛崺其阪。人道在迩，求之若远。遂迷不复，自婴屯蹇。喟然迥虑，题彼泰山。郁确其高，梁甫迴连。枳棘充路，陟之无缘。将伐无柯，患兹蔓延。惟以永叹，涕陨潺湲。"《史记》，鲁终不能用孔子，孔子亦不求仕。追述三代之礼，序《书》，传《礼记》，语鲁太师乐，礼乐自此可得而述也。又晚年喜《易》，序《彖》《系》《象》《卦》《文言》。读《易》韦编三绝，曰："假我数年，若是，我于《易》彬彬矣。"

宣：

孔夫子末年归鲁鲁不用，又把那诗书礼乐论一番。

还想着学学易经能寡过，因祷告上天于我加数年。

杏坛上师徒聚首最可乐，指望着吾党以内把道传。

行说着孔子年纪六十九，把一个伯鱼儿子染黄泉。

又不幸孔子到了七十岁，死了个得意徒弟是颜渊。

西狩獲麟

25. 西狩获麟 （选自《左传》《孔丛子·记问》《史记·孔子世家》）

宣：

又不幸孔子到了七十一，忽见了路人得麟泪涟涟。

最可怜麒麟来在大野间，昔年时曾吐玉书阙里传。

那本是麒麟送子祥瑞兆，今日里世无王者奚至前。

有路人不知此物胡谈论，孔夫子闻听此言便开观。

暗说道谁为来哉谁为主，就知道吾道大行难上难。

不觉的反袂拭面流痛泪，只见他哭一番来歌一番。

讲：

按《左传》，哀公十四年春，西狩于大野，叔孙氏之车子微者其名钼商获麟，以为不祥，以赐虞人。仲尼七十一岁，观之曰："麟也！"然后取之。《公羊传》，孔子曰："孰为来哉？孰为来哉？"反袂拭面，泣涕沾襟，曰："吾道穷矣！"注：元和大野泽一名巨野，今山东兖州府嘉祥县有获麟堆。（嘉祥本巨野分置）

宣：

孔夫子见了麒麟暗伤叹，遂把那春秋一书编一番。

十二公记事纂言挨次序，大约是尊王贱霸一席言。

大圣人笔则笔来削则削，在游夏就是一字不能添。

叙到这西狩获麟绝了笔，论时节方在哀公十四年。

讲：

按《孔丛子》，孔子作歌曰："唐虞世兮麟凤游，今非其时来何求。麟兮麟兮我心忧。"《史记》，乃因鲁史作《春秋》，叙十二公事，据鲁，亲周，故殷，运之三代。约其文辞而指①博。故《春秋》之义行则天下乱臣贼子惧焉。

---

① 指：同"旨"，文章的思想。

夢奠兩楹

26. 梦奠两楹 （选自《礼记 · 檀弓》）

宣：

到过年子路死于孔悝难，孔子说祝余祝余屡伤叹。

毕竟是七十一二还平稳，最不幸七十三上塌了天。

四月里做了一梦最不吉，到了那己丑日子染黄泉。

讲：

按《檀弓》，孔子蚤作，负手曳杖，逍遥于门，歌曰："太山其颓乎？梁木其坏乎？哲人其萎乎？"既歌而入，当户而坐。子贡问[1]之曰："太山其颓则吾将安仰？梁木其坏、哲人其萎则吾将安放？夫子殆将病也。"遂趋而入。夫子曰："赐！尔来何迟也？夏后氏殡于东阶之上，则犹在阼也；殷人殡于两楹之间，则与宾主夹之也；周人殡于西阶之上，则犹宾之也。而邱也殷人也，予畴昔之夜梦坐奠两楹之间。夫明王不兴，天下其孰能宗予，予殆将死也。"盖寝疾七日而没。《春秋续经》：哀公十六年壬戌夏四月己丑，孔邱卒。杜预注：四月十八日乙丑，无己丑；己丑，五月十二日也；日月必有误。按冯李骅云：夫子卒，当谨而志之，何至日月有误耶？二说从四月乙丑为正。以每时必书，首月既书夏四月，则必非五月己丑矣。

---

① 问：当为"闻"。

哀公立廟

27. 哀公立庙 （选自《左传》）

宣：

孔夫子梦中坐奠两楹间，就知道此梦不吉命归天。

自此后寝疾七日弃凡世，惊动得哀公来吊有诔①言。

哭一声哀哉尼父弃我去，又谁能辅助寡人把位安？

讲：

按《左传》，哀公十六年，孔丘卒，公诔之曰：“旻天不吊，不慭遗一老，俾屏余一人以在位，茕茕②余在疚。呜呼哀哉！尼父，无自律！”又为立庙，置守庙人一百户。

① 诔（lěi）：叙述死者事迹表示哀悼。

② 当为“茕茕”之误。

治任别歸

28. 治任别归 （选自《礼记 · 檀弓》《孟子 · 滕文公上》）

宣：

此一时子贡为长主丧事，公西氏执掌殡葬礼周全。

所用的夏商殷周三王礼，葬埋在鲁国城北泗水间。

众门人心丧三年将分散，进门来见了子贡心恸酸。

众门人你南我北回家去，惟子贡筑室独居又三年。

讲：

按《檀弓》，孔子之丧，门人疑所服。子贡曰："昔者夫子之丧颜渊若丧子而无服，丧子路亦然。请丧夫子若丧父而无服。"又《孟子》，孔子没，三年之外，门人治任将归。入揖于子贡，相向而哭，皆失声，然后归。子贡反筑室于场，独居三年然后归。

宣：

这俱是至圣一生真实迹，今日里从头至尾诉根源。

倘学者再三歌咏熟记住，也得算攻错之石在他山。

俺这里一言难尽孔子传，才惹得窗下费了纸几篇。

《孔子图歌》后结

江钟秀　谨注

《中庸》曰："天命之谓性，率性之谓道，修道之谓教。道也者，不可须臾离也。"是道乃无量数人之道，非孔子一人之道也。乃言道而独归孔子一人者，何哉？孔子能凝无量数人之道为道也。且道，冥冥漠漠不可得而见，惟以不可见之道而化为可见之人，俾无量数人皆奉之以为宗，斯道不可见而可见也。

夫圣人多矣，从未有以孔为氏者，乃天独生至圣于孔氏之家，岂无意哉！《说文》云："孔者，通也。"天将使无量数人皆号道，为孔道则必使至圣生于孔氏之家，庶无量数人称名思义曰孔道者，通道也。然则，今兹非宣讲孔子之道也，亦仍宣讲无量数人之通道耳。江钟秀谨注。

结曰：

说完孔夫子，听者已尽知。若论生平事，此能核其实。
有时无的做，当思宣讲词。诸君请回去，各自提一提。

亚圣孟子篇

说 明

《亚圣孟子篇》以《孟子图歌》为基础编成。《孟子图歌》是江钟秀独自创作的，意图以说唱形式通俗地介绍孟子的生平和思想。

本书共有关于孟子的故事图画十二幅。故事主要采自《孟子》，旁及《列女传》《韩诗外传》《孔丛子》及《孟子年谱》。图画多为一个故事，唯《返鲁葬母》另含“孟子去齐”故事，《断机喻学》另含“孟母买肉”和“孟子出妻”两个故事。

本书也是采用演唱加讲说形式，每图大多一宣一讲，唯《断机喻学》两宣两讲，《游见梁惠》后加《论附》大段文字，《力辟杨墨》后也加大段按语，就说唱艺术的脚本来看也是不合适的。

《孟子图歌》序

月者，继日以明者也；孟子者，继孔子以明者也。夫天无日固不明，使徒有日，日退则无以为明。世无孔子固不明，使徒有孔子，孔子殁则无以为明。孟子者，继孔子以明者也，即继孔子以生人者也，比之于天，殆犹月也。何者？人苟不明则深暗迷惘不知所之，日入于邪而不知其祸，必至无父无君，至人皆无父无君则三纲沦，五伦坏，刀兵水火交起，人理绝而人类灭矣。人苟能明则洞达澄澈，自有定向，日趋于正而不觉其道，惟依入孝出忠，至人皆入孝出忠则三纲立，五伦饬（chì），富贵寿考并臻，人理著而人类繁矣。孟子一生力辟杨墨，专宗孔子，盖以此也。

或谓孟子辟杨墨，宗孔子，亦未转战国为唐虞，若是乎，孟子虽能明道而实不能生人也，岂知战国若无孟子出而正人心，息邪说，距诐（bì）行，放淫辞，而一任为我兼爱纵横，刑名之徒高张气焰，肆其惨恶，奇毒所流，靡有孑遗，人类固早已灭绝矣，又安能绳绳续续，相传至今哉！此先贤先儒所由俱推其功不在大禹下也。且夫大禹邈矣，而人之入野者犹称曰禹甸；孟子邈矣，而人之论道者犹与孔子并称之曰“孔孟之道”。孟子之功，信乎较颜曾思三子而尤伟矣。凡民当何如一意信从，奉为孔教之指南，而终身率由不失也。

乃近数年来，正教不明，人各异见，家各异闻，教名之多殆至数十计，而庸愚无识，方且迷茫云雾，深入不返，其亦思天无二日，即无二月，世无两至圣，即无两亚圣乎？又何必复舍朗朗明月而自寻云雾为耶？倘得吾图吾歌而翻然改就吾孟子，以永作孔教之指南焉，其亦可为能出幽谷而迁乔木矣。庶朗朗明月亦不至永为云雾所蔽也乎？

光绪三十年三月廿六日，山左历城江钟秀

《孟子图歌》前引

孟子曰：人之所不虑而知者，其良知也；所不学而能者，其良能也[①]。“孩提之童无不知爱其亲者，及其长也无不知敬其兄也。亲亲，仁也；敬长，义也；无他，达之天下也。”夫曰达之天下，则无量数人皆知仁义，皆能仁义，然则今兹非宣讲孟子也，亦宣讲无量数人心中之仁义耳。

引曰：

说起孟夫子，天下人皆知。若论生平事，谁能核其实。
闲来无的做，编部宣讲词。诸君请落坐[②]，听我提一提。

---

① 此句颠倒，原文良能在前，良知在后。
② “落坐”现在一般写为“落座”。

泰山乘雲

1. 泰山乘云

宣：

常言道邹县亚圣万古传，听着我从头至尾溯根源。

那亚圣父亲原是孟孙激，娶了个圣配仉氏甚周全。

适仉氏夜来做了一番梦，有神人乘云来至峄山前。

说泰山真是有神多灵爽，至醒了生了一个圣人男。

他本是字表子舆名孟轲，生在那周室烈王有四年。

论生日己酉四月初二日，愿学人牢记心怀不伪传。

讲：

按《孟子谱》云，孟子未生时，母梦神人乘云扳龙凤自泰山来，将止于峄，凝视久之，忽见片云坠而寤，时闾巷皆见五色云覆孟氏宅，而孟子生焉。

三遷成名

2. 三迁成名

宣：

最可怜三岁不幸丧了父，适孟母居舍偏邻坟墓间。

初孟子嬉游惟学埋坟事，被孟母看见甚是不喜欢。

因此这方迁日中为市地，不料想孟子又学贸易焉。

这孟母静念学贾亦非计，于是乎迁居又在学宫前。

到了那学宫之前陈俎豆，演习得一切礼貌甚周全。

讲：

按《韩诗外传》云，孟子之少也，其舍近墓田，嬉游为墓间之事。孟母曰："此非所以处子。"乃去，舍市旁。其嬉游为贾人衒[①]卖之事，孟母曰"此又非所以居吾子也。"复徙舍学宫之旁。其嬉游乃设俎豆、揖让进退之礼，孟母曰："此真可以居吾子矣。"遂居之。

---

① 衒（xuàn）：沿街叫卖。

師事子思

3. 师事子思[①]

宣：

到了那十岁孟母促就学，这孟子束装就到鲁国间。

那述圣子思原是孔子后，就将那尧舜仁义与他谈。

子上见这样优礼大不悦，那述圣更将孟子夸英贤。

讲：

按《孔丛子》云，孟子车尚幼，请见子思，子思见之，甚悦其志，命子上侍坐焉，礼敬之甚崇，子上不愿也。客退，子上请曰："白闻士无介不见，女无媒不嫁。孟孺子无介而见，大人悦而敬之，白也未喻，敢问。"子思曰："然。吾从夫子于郯，遇程子于涂，倾盖而语，终日而别，命子路将束帛赠焉，以其道同于君子也。今孟子车，孺子也，言称尧舜，性乐仁义，世所希有也。事之犹可，况加敬乎？非尔所及也。"又孟子问子思曰："尧舜文武之道可力而致乎？"子思曰："彼，人也；我，人也；称其言，履其行，夜思之，昼行之，滋滋焉，汲汲焉，如农夫之赴时，商之趣利，恶有不至者乎？"又孟子问牧民何先，子思曰："先利之。"曰："君子之所以教民亦仁义，固所以利之乎？"子思曰："上不仁则下不得其所，上不义则下乐为乱也，此为不利大矣。故《易》曰'利者，义之和也。'又曰'利用安身以崇德也。'此皆利之大者也。"又子思谓孟子曰："自大而不修，其所以大不大矣；自异而不修，其所以异不异矣。礼接于人，人不敢慢；辞交于人，人不敢侮；其惟高远乎？"

① 原作者认为，这里表现的是亚圣孟子师事子思的故事。事实上，子思与孟子生活的时代相隔甚远。孟子虽然深受子思及其门人的影响，并与之构成思孟与派，但他并非受业于子思。故本文中提到的名叫"孟子车"的年轻人并非孟子。

斷機喻學

4. 断机喻学

宣：

虽然是从此学问大长进，毕竟犹未到尽善尽美间。

胡为乎中道而废归家去，被母亲忽然看见带怒颜。

这孟母取刀断机罕譬喻，那列女传中详细记一篇。

讲：

按《列女传》，孟子之少也，既学而归，孟母方绩，问曰："学所至矣？"孟子曰："自若也。"孟母以刀断其织，孟子惧，跪而问其故。孟母曰："子之废学，若吾断斯织也。君子学以立名，问以广智，是以居则安宁，动则远害。今尔废之，是不免于厮役而无以离于祸患也，何以异于织绩而食，中道废而不为，宁能衣其夫子而长不乏粮食哉！"孟子惧，旦夕勤学不息，师事子思，遂成天下之名儒。又按《韩诗外传》，孟子少时，东家杀豚，孟子问其母曰："东家杀豚何为？"母曰："将啖汝。"其母自悔而言："吾怀妊是子，席不正不坐，割不正不食，胎教之也。今适有知而欺之，是教之不信也。"乃买东家豚肉以食之，明不欺也。

宣：

倘若是孟子中年废了学，谁可能传得孔教万万年。

谁可能尊王黜霸距功利，谁可能入孝出弟无间言。

谁可能知言养气有实学，谁可能守先待后有真传。

可见这全赖孟母断机训，真不愧顶天立地一奇男。

越数年孟子娶妻属田氏，这田氏生男仲子亦称贤。

讲：

按《韩诗外传》云，孟子妻独居踞，孟子入户，视之。白其母曰："妇无礼，请去之。"母曰："何也？"曰："踞。"其母曰："何知之？"孟子曰："我亲见之。"母曰："乃汝无礼也，非妇无礼。《礼》不云乎？'将入门，问孰在；将上堂，声必扬；将入户，视必下。'不掩人之不备也。今汝往燕私之处，入户不有声，令人备[①]而视之，是汝之无礼也，非妇无礼也。"于是孟子自责，不敢去妇。又按《孟氏谱》及《三迁志》皆云：孟子娶田氏，生仲子，名罣。

---

① 备前当漏"不"字。

遊見齊宣

5. 游见齐宣

宣：

自此后孟子行旌往齐国，齐宣王见他心里甚重焉。

那宣王亲到雪宫来问政，待改日封以客卿为了官。

庶几乎王道能行齐国治，实指望尧舜君民在此间。

不料想宣王本是一庸主，惟事事能听而不能用焉。

从可见天意本欲平天下，这是在孟子四十余岁间。

那编年轻信通鉴记年数，谓孟子先梁后齐大不然。

倘果然周流先梁后齐国，梁惠王一见胡为称叟焉。

讲：

按游见齐宣，《孟子》本书备载。又按《韩氏外传》云，孟子说齐宣王而不悦，淳于髡侍，孟子曰："今日说公之君，公之君不悦，意者其未知善之为善乎？"淳于髡曰："夫子亦诚无善耳，昔瓠巴鼓瑟而潜鱼出听，伯牙鼓琴而六马仰秣，鱼马犹知善，而况君人者也。"孟子曰："夫雷电之起也破竹折木，震惊天下，而不能使聋者卒有闻，日月之明遍照天下而不能使盲者卒有见。今公之君若此也。"淳于髡曰："不然。昔者揖封生高商，齐人好歌，杞梁之妻悲哭而人称咏。夫声无细而不闻，行无隐而不形，夫子苟贤，居鲁而鲁国之削，何也？"孟子曰："不用贤，削何有也。吞舟之鱼不居潜泽，度量之士不居污世。夫叶冬至必彫，吾亦时矣。《诗》曰：'不自我先，不自我后，'吾非遭彫时者欤？"又按《荀子》云，孟子三见齐宣而不言事，弟子问曰："何为不言？"孟子曰："我先攻其邪心。"

返魯葬母

6. 返鲁葬母

宣：

齐宣王养贤终是虚悬套，在齐国数年仅仅把身安。

那孟母寿数已尽归天去，这孟子返鲁葬母马鞍山。

复手刻石像跪置母坟里，到宋朝始得移之庙中焉。

讲：

按去齐葬母，《孟子》本书备载。又按《列女传》云，孟子处齐而有忧色，孟母见之，曰："子若有忧色，何也？"孟子对曰："轲闻之，君子称身就位，不为苟得而受赏，不贪荣禄，诸侯不听则不达其土，听而不用则不践其朝。今道不行于齐，愿行而母老，是以忧也。"孟母曰："夫妇人之礼，精五饭，幕酒浆，养舅姑，缝衣裳而已矣，故有阃[①]内之修而无境外之志。《易》曰'在中馈，无攸遂。'《诗》曰'无非无仪，惟酒食是议。'以言妇人无专制之义而有三从之道也。故年少则从乎父母，出嫁则从乎夫，夫死则从乎子，礼也。今子成人也而我老矣，子行乎子义，吾行乎吾礼。"又按赵岐题辞云，孟子，鲁公族孟孙之后，故孟子仕于齐，丧母而葬于鲁，即今马鞍山孟母墓是也。又孟子葬母，自刻石像置母墓里，迨后宋人修孟母墓始出而移之庙中焉。

① 阃（kǔn）：指妇女居住的内室。

臧倉阻駕

7. 臧仓阻驾

宣：

自此后在家住了十数载，这年纪约在五十余岁间。

适邹与鲁讧穆公来问策，急取那亲上死长论一番。

乐正子适在鲁国为了政，因速将孟子荐于平公焉。

鲁平公闻听此言甚喜欢，于是乎将身亲往迎高贤。

想当年平公果然能亲见，定可得大展报负在此年。

不料想嬖人臧仓来阻驾，他说是孟子舌辨不为贤。

若要是贤者必能知经礼，那孟子何为后丧踰于前。

鲁平公不明道理遂回驾，天未欲平治天下又何言。

讲：

按臧仓阻驾，《孟子》本书备载。又按《广文选》云，鲁平公与齐宣王会于凫绎山下，乐克备道孟子于平公曰："孟子私淑仲尼，其德辅世长民，其道发政施仁，君何为不见乎？"

滕文問道

8. 滕文问道

宣：

越数年孟子游薛并游宋，滕文公世子过宋问道焉。

孟夫子言言与他道性善，然必是取那尧舜征一番。

迨定公卒后然友来问礼，三年丧始见行于战国间。

从此时孟子行旌往滕国，又把那井田学校讲一番。

不料那许行自楚来乱法，幸历述尧舜折得他无言。

讲：

按文公问道，《孟子》本书备载。又按朱子谓，滕文公过宋及问为国两章，见孟子之学识其大者，是以虽当礼法废坏之后，制度节文不可复考，而能略以致详，推旧而为新，不屑屑于既往之述而合乎先王之意，真可谓命世亚圣之才矣。

遊見梁惠

9. 游见梁惠

宣：

孟夫子周游列国已多载，到老了六十余岁至梁间。

梁惠王见他年高甚敬重，开口称叟就把那利来谈。

孟子道仁义为国又何有，无烦令国人争夺起祸端。

倘当年果能举国先生听，又何难俾梁天下莫强焉。

无如那惠王利心深入骨，终就是不能实用亦徒然。

到后日惠王已死襄王立，一见便说他不似人君焉。

这游梁确是孟子老年事，若要说先梁后齐大不然。

或有问七篇何以梁居首，曰是以仁义折他功利言。

从春秋以至秦项无限祸，都是这利之一字作其端。

已逆知后日复有大战国，故退而作书以是居首篇。

从可见孟子立言有深意，愿全球万国仁义共为先。

讲：

按孟子游梁，本书备载。又按《史记》云，惠王三十五年数败于军旅，卑礼厚币以招贤者，有邹衍、淳于髡、孟轲皆至。梁惠王曰："寡人不佞，兵三折于外，太子虏，上将死，国以空虚，无以修先君宗庙社稷，寡人甚愧之。叟不远千里，辱幸至敝邑之庭，将何以利吾国乎？"孟轲曰："君不可言利。若君欲利则大夫亦欲利，大夫欲利则庶人皆欲利，上下欲利则国危矣。为人君，仁义而已矣，何以利为？"又，太史公曰："吾读《孟子》，至梁惠王问何以利吾国，未尝不废书而叹也。曰：嗟乎！利诚乱之始也，夫子罕言利者，常防其原也。""当是之时，秦用商君，富国强兵；楚魏用吴起，战胜弱敌；齐威、宣王用孙子、田忌之徒，而诸侯东向朝齐。天下方务于合纵连横，以攻伐为贤，而孟子乃述唐虞三代之德，是以所如者不合。""此岂有意阿世俗、苟合而已哉！持方柄欲内圆凿，其能入乎？"

论附：

自古圣贤皆能于数千年之前灼见于数千百年以后之患，而预防之，即计不行、功不成，而后之人读其书犹能想见其苦心，而为之掩卷太息也。孔子一生志在春秋，欲天下万世皆知尊王而已，孟子一生愿学仲尼，欲天

下万世皆知宗圣而已。然欲使天下万世皆知宗圣，必先剿绝其侮圣者，扫灭其叛圣者，不能以潜消未来之巨患而大造天下万世之幸福。何者？战国时惟秦有统一天下之势，正吾孟子所乐借其势以行吾仁义之道者也。乃秦自孝公以来其所尊而用之者，皆在刑名法术、汲汲求富强之辈，其所卑而弃之者，皆在诗书礼乐、皇皇求仁义之儒。无论吾孟子不肯枉道求彼也，即税驾至秦，彼视之不过一迂腐老生耳，乌足与谈天下事，所谓视吾儒曾不一介若者此也。夫人情始卑而弃之者久则厌而除之，以秦之蔑视吾儒，复济之以虎狼之横，兼乘之以囊括四海、席卷八荒之势，其后必至焚书坑儒，灭绝圣教，固不必若孟子之圣而始知也。孟子患之，因思借梁以遏其毒。梁居两河之间，范睢所谓天下之枢也。秦欲取天下，必先取梁，梁塞秦之冲而蔽山东之诸侯。梁在而天下乃存，天下存而圣教乃存，故孟子之意以为苟能兴弱梁即能遏强秦，能遏强秦即能维圣教，而后日焚书坑儒之巨祸已潜消于今日。区区大梁之一游，乃梁王不能听孟子仁义之说以兴，其国而早灭虎狼之秦，卒致秦政二十六年梁为秦灭。梁灭而六国皆灭，六国灭而天下灭。而焚书坑儒，圣教亦随之俱灭矣。此孟子所以谓不仁哉梁惠王也，岂徒指其以所不爱及所爱而言哉！然孟子计虽未行，功虽未成，焚坑之祸吾儒卒实受之，而犹幸孟子所作七篇未遭秦火，为吾圣教之硕果也。不然，焚坑而后，孔子之道将何从发生乎？孟子退作七篇，特以游梁居先，其以斯欤？而后世儒者因此谓游梁在游齐之先也，误矣。孟子若曰："七篇首游梁，夫亦使天下万世皆知我游梁之苦心而已，非游梁也，乃遏秦也；非遏秦也，乃维教也。"讵意时隔二千余年，运数所迫，拘墟之儒斥格致机械为异学，嚣张之士鄙诗书礼乐为迂谈，彼此交诟，流毒必烈，而焚坑之巨祸又将届焉。凡我同人，讵可坐视而不一救耶？是所望于山东之宗圣者，是所望于中国之宗圣者，并所望于万国之宗圣者。

秀撰集孟子歌词至游梁，不禁感慨系之，因作论一首，附志于此。大雅君子关心世教，尚其鉴之，谅之。

力闢楊墨

10. 力辟杨墨

宣：

孟夫子指望老来能大用，谁料想终身出世更无缘。
思使那孔子之道传万世，先指着杨朱墨翟驳一番。
那杨子无君为我固邪说，这墨子无父兼爱亦异端。
倘若是战国不生孟夫子，必至那天翻地覆又何言。
真比那洪水猛兽患尤烈，较之孔子时乱贼尤甚焉。
墨子与世人反复辨无已，这功诚不在禹周孔下焉。

讲：

按力辟杨墨，《孟子》本书备载。又杨子《法言》云，古者杨墨塞道，孟子辞而辟之廓如也。又欧阳文忠曰：昔战国之时，杨墨交乱，孟子患之，而专言仁义，故仁义之说胜则杨墨之学废。又史鹗言：杨子为我，似义而害仁；墨子兼爱，似仁而害义；天下靡然从之，相率以归与禽兽，其害道也极矣。孟子以命世之才，挺然起而辟之，使不得售其似义害仁、似仁害义之邪说，而后杨墨之道息，孔子之道著。昌黎谓：微孟子，人皆服左衽而言侏俪者，其在斯乎？

按：光绪壬寅冬，秀读《孟子》至以力假仁者霸章乃叹，孟子此章与《中庸》唯天下至圣章皆豫道破孔教遍行全球之机括也，何以见之？孟子不动心章称孔子为生民未有，更历述宰我、子贡、有若之言以实之，即继以此章孟子意，以为自古以德服人，惟羲农、黄帝、尧、舜、禹、汤、文、武数君，然尚皆有力可借，至孔子则不阶尺土之力，而专以德服人。天下惟专以德服人而一无所借于力者，其服人尤能无远弗届，则后合东西南北九万里，地球之大而皆心悦诚服，尊之亲之无疑矣，何有于杨墨？昔孟子对梁襄王曰“天下定于一”，今吾亦曰“各教定于孔子”，然不有孟子豫宣其蕴于先，后学又何从问津焉？於戏！午会之中，转瞬即届，孟子自西自东，自南自北，无思不服，与子思子所言，凡有血气者莫不尊亲之盛，皆于我孔子实践之矣，杨墨云乎哉？

退作七篇

11. 退作七篇

宣：

孟夫子历聘多年终不用，因望着吾党以内把道传。

退与公孙丑万章诸弟子，因述那仲尼之意作七篇。

取一生经历纂言挨次序，大约是尊王贱霸一席言。

讲：

按赵岐题辞云，孟子年老，知其道之不行，耻没世而无闻也，是故垂宪言以贻后人。仲尼又云：我欲托之空言，不如见之行事之深切著名也。于是退而论集所与高门弟子公孙丑、万章之徒难疑问答，又自撰其法度之言，著书七篇二百六十一章，三万四千六百八十五字，包罗天地，揆叙万类，仁义道德，性命祸福，灿然靡所不载。帝王公侯遵之则可以致隆平，颂清庙；卿大夫士蹈之则可以尊君父，立忠信；守志励操者则可以崇高节，抗浮云；有风人之托物，二雅之正言，可谓直而不倨、曲而不屈、命世亚圣之大才者也。

禮廢賀冬

12. 礼废贺冬

宣：

最不幸八十四岁归天去，正在那赧王二十有六年。

论年干壬申子月十五日，其日正逢着冬至那一天。

邹人因哭他废了贺冬礼，就将那孟子葬于四基山。

这俱是亚圣一生真事迹，今日里从头至尾溯一番。

愿学者再三歌咏热[①]记住，也得算攻错之石在他山。

俺这里一言难尽孟子事，惹得我窗下费了纸几篇。

讲：

按《年谱》云：赧王二十六年十一月十五日，孟子卒，适遇冬至，邹人哭之，因废贺冬礼，遂以成俗。

① 热，当为“熟”之误。

《孟子图歌》后结

孟子曰："道在迩而求诸远，事在易而求诸难，人人亲其亲，长其长，而天下平。"夫曰：天下平则无量数人皆享升平之福矣。然则今兹宣讲孟子也，亦仍宣讲无量数人心中之亲亲长长，而俾永享升平之福耳。

讲完孟夫子，听者当尽知。若论生平事，此能核其实。
有时无的做，当思宣讲词。诸君请回去，各自提一提。

附录一

《孔孟图歌》总序

山左历城江钟秀

太阳、太阴为天上之日月，孔子、孟子为世上之日月。天上之日月明遍庶物，世上之日月明遍庶民，此吾中国四百兆[1]人于教所由皆自谓宗孔孟矣，宜其于孔孟生平事实知之详而说之长也。乃苟执而问之，农工商兵固皆不知所对，即学士大夫亦往往不能道其详。夫既自谓以之为宗矣，乃不知不详其事实，是何异孙曾不知不详其祖宗之事实也。

光绪壬寅，英大臣骆璧理面向我中丞郁山周大公祖索孔孟事迹传志，中丞因饬学务处急以《圣迹图》《三迁志》付之。即在远人犹思知孔孟事实，而吾中国为孔孟桑梓，顾往往不能道其概，耻孰大焉。况秦政愚民流毒至今，乡村氓庶封闭特甚，尤宜俾皆知尊崇圣教，籍以沾濡孔孟之明而自破其愚惑乎？

方今圣天子屡颁明诏，谆谆劝兴蒙学，我东省为邹鲁旧壤，尤当首导先路，预杜流弊，仰副明诏。抚藩臬道府县各宪承流不遑，数颁章程，屡行示谕，德育、智育、体育三者并行，尤以德育为兢兢，省会郡邑知识大开，固已所在感激奋兴矣。乃吾偏僻乡村，一二田夫野老见闻较隘，西学与西教不分，反生疑惑，谓是背孔孟而学基督，相戒不应，大为蒙学阻力，是何不明一至此极也。昔卫文公为狄所灭，一意恢复，卒能中兴卫室，为世所称。

① 兆：一百万，这里指当时中国的人口数量。

夫劝学必先敬教，而后民始有所专主而不惑。秀以为今欲劝民兴学，必先释民疑，释民疑必先令各乡村整备乡约，时时集众演说。而乡约演说，尤必特谓尊崇孔孟为今学堂第一要务，然后趋之兴学，而田夫野老始恍然于朝廷及各宪汲汲劝学之苦心，系为振兴人才，干城圣教，并非背孔孟而学基督，将感激零涕，愧悔不暇，互相劝勉，共任义务以为愿，须臾无死复睹三代学校之兴也。然民疑释矣，学堂兴矣，而又恐喜新厌旧者他年流而忘返，将谓八荒而遥不乏奇书可读，四海之外亦有圣人可钦，又何必事事拘拘于孔孟为耶？孔孟之教不遭焚坑而焚坑矣，是他年之为不明者尤甚于今日之不明也。秀乃忘己昏昏使人昭昭，僭为孔孟图歌两卷，冀吾乡人朝夕观览讽咏，永拨云雾睹日月，以为今日劝学之嚆（hāo）矢[①]，而为他年维教之砥柱也。是则秀区区纂撰之微意也夫。

光绪三十年三月念六日。

① 嚆矢：带响声的箭，借指事物的开端或先行者。

附录二

《孔孟图歌》缘起

山左历城江钟秀寿臣历山　编

一、歌词　神奇鬼怪一切不经，最为人心之害，与其禁之不行徒滋烦扰，何若本其诱人讽咏之意移之正学，以端人心而消乱萌。且东西各国教化愚氓妇孺之法，皆撰有唱歌，以感发其性情。吾国乡村愚氓妇孺教化久阙，且六经、四书文义太深，即骤语之彼实难喻，此条所关尤巨。是编首卷歌词系于李君长春秀东处捡得抄本，读之知作者本江慎修，先正圣迹考，编为歌词，俾人易记，为功不浅，惟惜姓名未载耳。卷首仅有校正姓氏，章南彭泽令会川、历城侯裕乾健堂、苏全孝子纯。苏君校正尤详，增订辨证十居三四，煞费苦心，为力甚巨。秀因即其原词，略为损益，并特为注明“宣”“讲”二字醒人眼目，“宣”系高声朗唱，“讲”系缓声详说，体式较精。但孟子为孔教指南，吾国论道者久与孔子并称之曰“孔孟之道”，是孔子既有歌词，孟子亦不可无，惜作者未暇及耳。秀因复孟子一生事迹，撰为俚歌，并集为讲词。书成，质之方伯鼎臣胡大公祖、观察郭介臣、朱养田夫子及王君贡南、黄君鸣九、父台吕子干、韩芙洲夫子，均尚为然。至歌词鄙俚太过，系专为开化愚氓妇孺起见，且只以歌贯串孔孟之事，俾庸愚易志，鄙俚谅所不妨。若两卷所集讲词皆文言，未暇演成白话，然不过赘述，以详歌中所不能详之事耳，谅热心教育者诸大君子必能用方言俚语随在指示，俾不学愚氓妇孺皆能明白晓谕以去也。

二、图像　吾国一切不经说部文皆绘有图像，诱人观览，亦最为人心之害。且东西各国教化愚氓妇孺之法又皆绘有图像，以悦怡其心目。是编均按孔子、孟子一生事迹，择其要者绘图。秀特逐节开写大意，访聘王君元名宣甫、侯君殿元捷三，精心摹绘。

三、标题　两卷图像均以四字标明，俾人易记。秀特请樊君枝宜与陈君冰生两父台按图标写，樊君与体式欠妥者多所指正，陈君不辞劳苦，一一精心标写，均有功于兹编也。

四、校正　字句必须校正无讹，方便观听。两卷均经陈彩三、张鼎文两夫子及严君彤臣、武君敬伯并族伯心斋、丘君汉庭悉心校正。其缮清者则程君德馨、王君子元、孙君仲侯、王君在善、曲君立德及秀胞弟振清也。且是原名《孔孟图解》，经段姻尊庙员鸿飞晴霄改名为《孔孟图歌》。至两卷讲词，不过备述以详歌中所不能详之事耳，固不妨只以图歌括之也。然家庭教育尤为紧要，倘更以各家半通文义子弟每多背其父兄，私购各种小说及一切淫曲亵词，无事之时藉以消闷，看毕并转与同辈，津津道之，以一传十，十以传百，诲盗诲淫，遂使人坏尽心术，诬惑终身。今即令移其购小说词曲者购此，则图可悦目，歌可悦耳。而讲词既属文言，未免半解半疑者自必思问以释其疑，庶有以引其好学之心而消其淫盗之念矣。从此家置一编，人手一卷，日日食作之余，及风朝雨夕，父持以教其子，兄持以教其弟，夫持以教其妇，家主持以教其奴仆，吾知孔孟正学不劳而自明矣。况近来东西各国喜读儒书所在皆有，往往向孔府、孟府求至圣、亚圣传志，彼素重图像，又重唱歌，而唱歌尤以最俚而易晓者为佳，兹编若能付印流传，彼必乐购，译行海外，花之安①“五百年后孔教遍行全球”之言亦可于是编基之矣，岂仅为乡约宣讲设哉！

---

①花之安：德国基督教传教士，1865年到中国传教，1899年死于青岛，著有《儒教汇纂》《中国宗教导论》《中国妇女的地位》《从历史角度看中国》等书，被誉为“19世纪最高深的汉学家”。

附录三

《孔孟图歌》跋

孔继儒

乡约久废，宣讲无人，村野氓庶平素不获闻孔孟正学，惟于赴集入市时，相率前往说书场中，听江湖游子击鼓拍板，演说《封神演义》各种小说，神奇鬼怪，出天入地，遂信为真。庚子之变，邪说一倡，万众附和，非以是欤？

历城江君寿臣，余谱兄也，立志正大，持论剀（kǎi）切[①]，时时以崇正学、遏邪说为心。在乡尝集父老子弟，与谈论孔孟正教，殷殷不倦。拳术之兴，他村习者甚伙，惟其村独无一人，是可知孟子经正民兴，民兴斯无邪慝之言为有据矣。然寿兄亦非得天独厚也，盖深有验于人事，以为不如此不足以潜消祸患，而同登仁寿也。

寿兄尝考发匪之难，伤人二千万，陷城六百处，十余年无王之巨祸。寿兄承嗣之先曾大父母与其两大父母暨其伯大父母并其幼叔皆战没于咸丰时难，幸其大母段孙两节妇未遇害，所难堪者，亲嗣既无期功之姪尚之，两节孝艰难备尝，矢志靡他，茕茕无依，俭苦度日。迨光绪年间，始以嫡堂嫂刘节孝子孝堂仁伯为嗣，因急命孝伯赴县房探寻团长阵亡当如何呈报。据云：吏部已咨行，凡死事在十年以外者不准再行请恤，孝伯旋家覆命，段孙两节孝流涕曰："吾两人所以冒万死，苦守在此者，非以我翁姑夫姪同时阵亡，奇行至惨，不可以淹没不彰也。今乃如此，尚何言哉！"因号泣寻死，碰头流血。孝伯尊

① 剀切：跟事理完全相合。

阃曲旌君寿山女也，幼承家法，贤孝夙著，于归后甚得两节孝欢心，急偕孝伯长跪哀乞，百端劝解，誓为先人表扬潜德，两节孝乃不死。孝伯、曲孺人念表扬潜德非读书不能，乃为寿兄延名师，厚其馆谷。孝伯耕田服贾，曲孺人日夜纺绩，以供束脩，每当酷暑严寒作苦如常。寿兄请少歇，辄痛斥不允。所入除供束脩外，尽以孝养两节妇及刘节孝。已惟衣粗食疏，寿兄以是激励奋发，学秀兼优。前督学尹佩之夫子、前中丞张安国及今方伯胡鼎臣两大公祖均礼貌之过于恒常，本省观察郭介臣、朱仰、田亮夫子亦重其为人。著述有《尊宗赘议》《庶人礼略》两书，均已印行。兹复编绘《孔孟图歌》一书，图像精工，歌词详明，虽愚氓妇孺咸能观览晓谕。从此人尽知尊孔孟，黜邪说，拨云雾而睹日月，何幸如之！是即家置一编，人手一卷，夫岂赘乎？古人云有志者事竟成，征之孝伯、曲孺人，益信。惜曲孺人四十三岁即逝，未获亲见也。然寿兄坚忍卓绝，卒能成其亲志，亦可谓近今所不数数睹者也。

如弟同邑孔继儒幼元谨跋